ALEJANDRO

Título original: ALEXANDER: THE BOY SOLDIER WHO CONQUERED THE WORLD
Concebido y diseñado por Marshall Editions
The Old Brewery, 6 Blundell Street, London N7 9BH

© 2006, Marshall Editions

De esta edición:
© 2006, Santillana Ediciones Generales, S.A. de C.V.
Av. Universidad 767, Col. del Valle,
México, D.F., C.P. 03100, México

Adaptación del inglés: Jimena Oliver
Traducción: Patricia Helena Hernández
Edición y corrección: Carlos Tejada, Gerardo Mendiola y Mario Enrique Figueroa

Aguilar, Altea, Taurus, Alfaguara, S.A. de Ediciones
Avda Leandro N. Alem 720 C1001AAP, Buenos Aires. Argentina

Santillana de Ediciones Generales, S.L.
Torrelaguna, 60. 28043 Madrid
Teléfono: 91744 90 60

Distribuidora y Editora Aguilar, Altea, Taurus, Alfaguara, S.A.
Calle 80 n° 10-23 Bogotá. Colombia

ISBN: 970-770-741-0 / 84-372-2467-5

Printed and bound in China by Midas Printing Limited / Impreso y encuadernado en China por Midas Printing Limited
Todos los derechos reservados

Asesor: Paul Cartledge es profesor de la cátedra de Historia de Grecia en la Universidad de Cambridge, Inglaterra.

www.editorialaltea.com.mx
www.alfaguarainfantilyjuvenil.com

Página anterior: Alejandro el Grande representado como Helios Kosmokrator, el dios del Sol.
Portadilla: Alejandro lucha contra los persas, como se muestra en un sarcófago de la época.

ALEJANDRO

EL JOVEN QUE CONQUISTÓ EL MUNDO

SIMON ADAMS

CONTENIDO

EL NIÑO DE MACEDONIA

EL JOVEN REY

LA CONQUISTA DEL MUNDO

EL FINAL DE SU MUNDO

EL NIÑO DE
MACEDONIA

Nacimiento de un príncipe

En 356 a.C. nació un niño en Pela, la capital de Macedonia, uno de los reinos de la antigua Grecia. Su madre era Olimpia, reina de Macedonia. Su padre, el rey Filipo II, ya se había casado tres veces y se casaría otras tres veces más. Filipo II tenía otros hijos pero Alejandro era especial, pues se convertiría en una de las pocas personas en la historia a las que se llama "el Grande".

Cuando nació Alejandro, su padre se encontraba en una campaña militar en el sur del país y acababa de capturar un pueblo importante. El historiador griego Plutarco escribió que al rey Filipo le llegaron tres mensajes al mismo tiempo. El primero le informaba que uno de sus generales, Parmenión, acababa de obtener una gran victoria sobre los enemigos históricos de Macedonia, los ilirios. El segundo decía que uno de sus caballos había ganado los juegos olímpicos. El tercero decía que acababa de nacer un hijo suyo.

Página anterior: Alejandro era vigoroso y saludable, igual que este joven griego.

Izquierda: el legendario Heracles, mejor conocido por su nombre romano, Hércules, era hijo del dios Zeus. Valiente y fuerte llevó a cabo 12 hazañas famosas. El padre de Alejandro declaraba ser descendiente de Heracles.

Debido a las dificultades de fechar de manera precisa ciertos sucesos de la vida de Alejandro, algunas fechas son aproximadas. "ca." es una abreviatura de *circa*, que significa "alrededor de".

382 a.C.
Nace Filipo, hijo del rey Amintas III de Macedonia.

La mayor parte de lo que sabemos de la juventud de Alejandro proviene de la biografía escrita por Plutarco 400 años después de su nacimiento. Alejandro nació en tiempos de grandes éxitos militares de su padre y de su país, y en una época de muchos éxitos deportivos contra otros estados griegos. El nombre que Filipo y Olimpia escogieron para él, Alejandro, era común en la casa real de Macedonia. Así también llamaban a Paris, héroe troyano de las guerras de Troya, descritas en *La Ilíada* por el poeta griego Homero.

Los padres de Alejandro afirmaban que descendían de grandes héroes míticos de la antigua Grecia: Filipo de Heracles, hijo del dios Zeus, y Olimpia de Aquiles, uno de los héroes de las guerras de Troya. Los antiguos griegos no vieron el nacimiento de Alejandro como un acontecimiento normal. Era un niño nacido de descendientes de dioses y héroes y estaba destinado a la grandeza.

Los primeros juegos olímpicos

Se cree que los primeros juegos olímpicos se realizaron alrededor de 776 a.C. en Olimpia, al sur de Grecia. Para el siglo v a.C., los juegos se realizaban durante cinco días cada cuatro años. Incluían carreras, lucha, equitación y carreras de carros. El último día se premiaba a los ganadores con coronas de olivo.

Derecha: Aquiles fue uno de los héroes griegos de las guerras de Troya. La madre de Alejandro, Olimpia, decía ser descendiente de él.

359 a.C.
Filipo usurpa el trono de su sobrino y reina sobre Macedonia como Filipo II.

357 a.C.
Filipo se casa con Olimpia de Molosia, quien se convierte en su cuarta esposa.

Macedonia

El reino que heredó Alejandro se encontraba al norte de las principales ciudades estado griegas como Atenas y Esparta. En ese entonces, el país estaba dividido en la alta Macedonia al oeste, la parte montañosa, y la baja Macedonia al este, una zona más fértil. El padre de Alejandro unificó las dos mitades. Aunque los macedonios hablaban griego, su dialecto estaba tan lleno de palabras extranjeras que muchos griegos no consideraban que los macedonios fueran griegos. Por eso a muchos griegos les disgustaba Alejandro y lo consideraban extranjero.

Derecha: Cuando el padre de Alejandro, Filipo, tomó el trono en 359 a.C., Macedonia era una ciudad estado poderosa pero dividida. Se dispuso a unificarla antes de iniciar la conquista de las demás ciudades estado de la antigua Grecia, localizadas al sur.

LA MACEDONIA DE FILIPO

ILIRIA — Filipópolis • — TRACIA — Bizancio
Estagira
MACEDONIA — Mieza • Pella
Aegae • Olintus — HELESPONTO
Monte Olimpo — CALCÍDICA — Troya
EPIRO — TESALIA
MOLOSIA — Mar Egeo
IONIA
Delfos • Tebas — Éfeso
Queronea • Atenas
Olimpia • Corinto — Mileto
Argos — Halicarnaso
Esparta — RODAS
N — E — O — S
CRETA

Fotografía principal: el oeste de Macedonia estaba cubierto de montañas escarpadas y abundantes valles; cálido en verano y muy frío durante el invierno. El este de Macedonia era más llano, con grandes planicies fértiles y suaves colinas.

UN EJÉRCITO ÚNICO

Alejandro no fue el primer gran comandante militar de su familia. Heredó el soberbio ejército que su padre había creado. Como era usual, estaba formado de caballería (a caballo) e infantería (a pie.) Pero la forma en la que Filipo organizó a sus soldados hizo que su ejército fuera único. La caballería estaba integrada por nobles y terratenientes ricos. A su lado luchaba la infantería, soldados de tiempo completo que iban fuertemente armados. Estos soldados estaban entrenados para reaccionar rápidamente.

Derecha: la infantería macedonia utilizaba una sarissa, o lanza larga, para atacar al enemigo antes de que éste llegara a una distancia a la que pudiera atacar.

Arriba: Alejandro y Filipo nacieron en el palacio de la capital de Macedonia, Pela. Hoy el palacio está en ruinas, entonces tenía pisos espléndidos con mosaicos y habitaciones con columnas.

Hijo de reyes

Los padres de Alejandro tenían caracteres fuertes y poderosos. No es de sorprenderse que su matrimonio fuera tormentoso: a menudo Alejandro se encontraba en medio de un campo de batalla.

Arriba: el padre de Alejandro, Filipo II de Macedonia, fue enterrado en una tumba espléndida en Vergina, alguna vez conocida como Egeo, capital original de Macedonia. Esta estatua de marfil fue encontrada cuando se excavó la tumba en los años setenta del siglo pasado.

Filipo no podía ser rey de Macedonia, pues no era primogénito de su padre. Pero su hermano mayor, Pérdicas III, murió en 359 a.C., y Filipo se convirtió regente en nombre de su sobrino Amintas, hijo mayor de Pérdicas, menor de edad y sucesor legítimo. Filipo no se contentó con reinar solamente hasta que el niño llegara a la edad adulta. Se adueñó del trono e inició una serie de guerras en las que conquistó a sus vecinos y aumentó considerablemente su territorio. Entonces, Grecia no era la nación unificada que es ahora: era un conjunto de estados independientes que con frecuencia luchaban entre sí. Los más poderosos eran Atenas, Esparta y Tebas. Con Filipo, Macedonia luchó y se convirtió en el estado más poderoso de Grecia.

ca. el 20 de julio de 356 a.C.

Alejandro nace en Pela, capital de Macedonia. Es hijo de Filipo y Olimpia.

356 a.C.

La tercera guerra sagrada estalla en Grecia para obtener el control del templo sagrado de Delfos.

Filipo también utilizó el matrimonio como arma para incrementar su poder. Se casó con princesas extranjeras para disminuir la resistencia de sus enemigos al reinado de Macedonia o mantenerlos callados después de su derrota. Uno de esos matrimonios lo celebró con Olimpia, princesa griega de Molosia en Épiro, al suroeste de Macedonia. El matrimonio fue primero una unión amorosa, pero Filipo pronto perdió el amor por ella.

Olimpia era una mujer fuerte. Pendenciera y apasionada, exigía respeto. Siendo rey, Alejandro se quejaba de los intentos de su madre por organizar su vida. Una vez que Filipo hizo a un lado a Olimpia y se volvió a casar, ella se aseguró de que Alejandro se quedara a su lado, aun cuando esto lo distanciara de su estricto padre. Filipo tenía un hijo mayor de otra esposa anterior, pero Alejandro estaba determinado a convertirse en rey cuando su padre muriera.

Arriba: este pectoral, descubierto en la tumba de Filipo, está hecho de hierro decorado con oro. Tal vez Filipo lo utilizó en algunas batallas.

Izquierda: la madre de Alejandro era una reina glamurosa, pero su carácter tenía rasgos de crueldad. Este retrato pertenece a un medallón de oro desenterrado en Egipto.

352 a.C

Filipo toma el control de Tesalia, al sur de Macedonia.

348 a.C.

Filipo destruye Olinto, capital de Calcídica, lo que le da acceso a las minas de oro y plata de la región.

Bucéfalo

En 344 a.C., cuando Alejandro tenía 12 años, conoció a uno de sus mejores y más leales amigos. Éste lo acompañaría durante casi 20 años, en las batallas y los deportes. Su amigo tenía un nombre inusual: Bucéfalo, que significa "cabeza de buey", y no era un hombre sino un caballo.

Las planicies herbosas de Tesalia, al sur de Macedonia, eran famosas por sus caballos salvajes. Bucéfalo era especialmente magnífico, un semental negro con una estrella blanca en la frente con forma de cabeza de buey. Sin embargo, nadie lo había "domado", lo que significa que no dejaba que nadie lo montara. Un vendedor se lo ofreció a Filipo a cambio de 13 talentos de plata. En la época de Alejandro, un obrero cualificado ganaba alrededor de dos o tres dracmas al día y un talento eran 6 000 dracmas. Ese mismo obrero hubiera tenido que trabajar como esclavo durante 100 años para poder comprar el caballo.

Derecha: Alejandro doma a Bucéfalo, cuyo nombre significa "cabeza de buey". Este apodo debe de haber venido de la mancha blanca que tenía el caballo en la frente. O posiblemente vino de la marca que tatuaban a todos los caballos de su raza.

ca. 348 a.C.
Leonidas, un pariente de la madre de Alejandro, se encarga de su educación.

346 a.C.
La Paz de Filócrates trae consigo el final de la tercera guerra sagrada con la victoria de Macedonia.

"Hijo mío, búscate otro reino, porque el que te dejo es demasiado pequeño para ti."

Esto dijo Filipo a su hijo cuando domó a Bucéfalo.

Filipo se negó a comprar el caballo, pero Alejandro, que tenía 12 años, intervino. Había notado que el caballo le tenía miedo a su propia sombra. Tomó las riendas y alejó la cabeza de su sombra. Se paró junto al caballo y pegándole suavemente, lo fue calmando. Después de un rato, saltó sobre el lomo y montó a Bucéfalo a través de la pradera. Desde ese momento, sólo Alejandro podría montarlo.

Bucéfalo se quedó al lado de Alejandro durante 18 años, sirviéndole como caballo de guerra y cacería. Pero en 326 a.C., durante la batalla del río Hidaspes en el Panyab, actual Pakistán, hirieron a Bucéfalo y poco después murió. Alejandro dirigió personalmente la procesión del funeral de su caballo y enterró al animal con grandes honores. En el lugar donde murió Bucéfalo, o cerca de ahí, Alejandro construyó una ciudad llamada Bucéfala en honor a su compañero. Desafortunadamente, nunca se han encontrado rastros de esta ciudad.

Caballos famosos

El emperador romano Calígula quiso convertir en cónsul a su caballo. El rey de Inglaterra, Ricardo III, ofreció dejar su reino por un caballo para poder escaparse de morir en el campo de batalla. Pero en toda la historia sólo Alejandro ha nombrado una ciudad con el nombre de su caballo.

346 a.C.

El escritor griego Isócrates escribió *Filipo*, refiriéndose a Filipo de Macedonia, quien dirigió una cruzada griega en contra de Persia.

ca. **345 a.C.**

Lisímaco y otros maestros educaron a Alejandro.

Dos pruebas de hombría

Alejandro tenía que probar que era digno sucesor del reino de su padre. Esto lo logró al superar las dos pruebas a las que todo príncipe de Macedonia debía enfrentarse antes de ser considerado un adulto.

Primero, tenía que matar un jabalí salvaje y, en segundo lugar, a un hombre en combate. Una vez realizadas estas pruebas, la hombría de Alejandro sería reconocida y podría vestir un cinturón especial para demostrarlo. También obtendría autorización para recostarse durante el simposio, en lugar de mantenerse sentado y erguido. Los simposios eran reuniones de hombres,

Abajo: los jabalíes salvajes eran comunes en las montañas macedonias. Cuando Alejandro, quien se ve aquí, mató uno, había completado la primera prueba tradicional de hombría.

344 a.C.
Alejandro doma a Bucéfalo, un salvaje semental tesaliano.

343 a.C.
Filipo nombra a Aristóteles tutor de Alejandro.

Izquierda: la segunda prueba de Alejandro era matar a un hombre en batalla. Aquí demuestra su habilidad en combate.

comunes en la corte de Macedonia.

Alejandro mató fácilmente al jabalí salvaje y desde entonces se convirtió en un experto cazador de leones, osos y otros animales. Probablemente no fue hasta que cumplió 14 años que tuvo oportunidad de matar a un hombre en combate. Su víctima fue la primera de muchas otras.

Plutarco relata otros aspectos del joven Alejandro. Le gustaban el drama y la poesía; aprendió a tocar dos instrumentos musicales, la lira y el aulós; gustaba de las luchas con palo y era un corredor veloz. Plutarco narra que la educación temprana de Alejandro estuvo en manos de Leonidas, pariente de su madre. Leonidas era estricto y, en muchas formas, actuaba como padrastro de Alejandro, cuyo padre verdadero, Filipo, acostumbraba estar lejos. Pero a Alejandro prefería otro maestro, Lisímaco quien, según Plutarco, no era hombre "educado".

La noche de un hombre

Un simposio típico se llevaba a cabo después de la cena. Asistían alrededor de 30 varones y no se permitían mujeres; todos portaban una guirnalda y se recostaban en un sillón sobre su codo izquierdo. Las discusiones iban desde política hasta el amor, y se servía vino. Terminaban la reunión rezando. Después, los hombres desfilaban borrachos a través de las calles antes de irse a acostar.

342 a.C.
Filipo conquista una ciudad en la vecina Tracia y la nombra Filipópolis.

ca. **342 – 340 a.C.**
Alejandro supera las dos pruebas de hombría.

EL JOVEN REY

2

Alejandro el hombre

Aunque estaba a la mitad de su adolescencia, una vez superadas las dos pruebas Alejandro fue considerado un hombre. Había trabajado arduamente para adquirir las habilidades que necesitaría como hombre y también como el futuro rey en que esperaba convertirse. ¿Pero qué tipo de joven era Alejandro?

Página anterior: a pesar de tener la nariz rota, este busto de mármol muestra lo bien parecido que era Alejandro.

Las esculturas de Alejandro muestran que era un joven atractivo, fuerte y en forma, aunque no muy alto. Su valentía creció día con día y se convirtió en un gran cazador y jinete.

Abajo: como la mayoría de los griegos de la época, Alejandro visitó Delfos para consultar a la sacerdotisa del oráculo. La gente creía que podía predecir el futuro y Alejandro estaba ansioso por saber lo que éste le deparaba. El oráculo se localizaba cerca de este templo, que actualmente está en ruinas.

341 a.C.
El político ateniense Demóstenes llama a todos los griegos a unirse en contra del creciente poder de Macedonia.

340 a.C.
Alejandro se convierte en regente mientras Filipo está fuera de Macedonia, en la toma de Bizancio.

Carrera de reyes

Alejandro era un corredor tan veloz que le sugirieron que compitiera en los juegos olímpicos. Él aceptó siempre y cuando compitiera contra otros reyes, ya que sólo ellos serían dignos de competir con él.

Alejandro también había aprendido las habilidades militares de la espada, jabalina y arco.

Además, era inteligente e inquisitivo acerca del mundo a su alrededor. Cerca de los siete años, y en ausencia de su padre, conoció a un grupo de enviados de Persia, viejo enemigo de los estados griegos. Les preguntó sobre su tierra: si la capital se encontraba lejos, si los caminos eran buenos, cómo era de grande su ejército. Éstas no eran las preguntas de un niño inocente asombrado con las maravillas y misterios de Oriente. Eran las preguntas de un joven listo que investigaba cosas que le servirían más adelante.

Alejandro heredó de su madre el interés por la religión, el misticismo y la superstición, interés que le duraría toda su vida. Olimpia era sacerdotisa del dios Dionisio, cuyos ritos sagrados eran misteriosos y salvajes. Podía entrar en trance e incluso manejaba serpientes, que ella tenía como mascotas. Alejandro también heredó de ella su pasión y fuerza de voluntad. De su padre, Filipo, obtuvo la terquedad, una perspectiva realista de la vida, valentía y capacidad de tomar rápidamente la decisión correcta. Estas características hicieron de Alejandro un hombre extraordinario.

"¡Eres invencible, jovencito!".
Palabras que Pitia, la sacerdotisa del oráculo de Delfos, dirigió a Alejandro.

340 a.C.
Alejandro derrota a los medos de Tracia en la frontera este de Macedonia.

339 a.C.
Filipo logra el control absoluto de la vecina región de Tracia.

El maestro Aristóteles

En 343 a.C., cuando Alejandro tenía 13 años, su padre Filipo nombró un nuevo tutor para que educara a su hijo. Escogió a Aristóteles, uno de los principales filósofos griegos de su tiempo. Aristóteles nació en 384 a.C. en Estagira, en la región de Tracia, al este de Macedonia. Pasó la mayor parte de su vida adulta en Atenas antes de ser llamado a educar a Alejandro en Mieza. Lo que más le interesaba a Aristóteles eran las ciencias, particularmente la botánica y la zoología, y le transmitió su entusiasmo al joven. Más tarde, a Alejandro le fascinaron las plantas exóticas y los animales que vio en Asia. Le envió especímenes a Aristóteles, quien entonces estaba enseñando en Atenas. Aristóteles también instruyó a Alejandro en política y ética (moral): ambas le serían útiles cuando se convirtiera en rey.

Derecha: Aristóteles (384–322 a.C.) fue un pensador que inspiró a la gente con su intelecto y sentido común. Esta estatua de mármol lo representa pensativo, un estado común en él.

LAS GUERRAS DE TROYA

Aristóteles le dio a Alejandro su propio texto de *La Ilíada*, escrito en un rollo de papiro. *La Ilíada* fue escrita por el poeta griego Homero y narra la historia de las guerras entre Grecia y la ciudad de Troya. Éstas se iniciaron con el secuestro de la reina griega Elena por Paris, hijo del rey Príamo de Troya. A Alejandro le fascinó el rollo y lo conservó toda su vida.

Arriba: Alejandro trató de imitar a algunos de los héroes griegos sobre los que había leído, incluyendo a Aquiles. De acuerdo con Homero en *La Ilíada*, durante las guerras de Troya el héroe Aquiles había salido a luchar cuando asesinaron a su mejor amigo Patroclo. En la vasija de arriba, se muestra a Patroclo tendido en el suelo, muerto.

EN HONOR

Es posible que Alejandro estuviera tan agradecido con Aristóteles, que ordenó se erigiera en Atenas una estatua o un busto de él. Aunque el busto ya no existe, tal vez estuvo sobre este pilar de piedra. En él se puede leer: "Alejandro construyó este retrato del divino Aristóteles, hijo de Nicómaco, fuente de toda sabiduría".

Se convierte en rey

En 340 a.C., Alejandro se convirtió en regente mientras su padre estaba fuera. Tenía sólo 16 años pero había probado ser un gobernante capaz y un comandante militar atrevido. Cuatro años después, Alejandro se convirtió en rey en circunstancias sospechosas. Su aventura había comenzado.

En 340 a.C., Filipo dirigió una campaña militar contra las ciudades griegas al este, Bizancio y Perinto. En su ausencia, Alejandro fue nombrado regente. Pudo haber gobernado Macedonia de manera simple y eficaz desde el palacio real de Pela, pero como estaba ansioso de tener acción, organizó su propio ejército para atacar y vencer a los Medos de Tracia en la frontera este de Macedonia.

En 339 a.C. estalló la guerra entre Macedonia y la poderosa ciudad griega de Atenas. Finalmente, un año más tarde, Filipo venció a las fuerzas griegas dirigidas por Atenas y Tebas en la batalla de

Izquierda: la victoria decisiva de Filipo sobre los griegos en Queronea en 338 a.C es recordada por la gran estatua de un león que se erigió en el lugar donde murieron 300 guerreros tebanos.

339 a.C.
La cuarta guerra sagrada se inicia entre Macedonia y la ciudad estado de Atenas.

338 a.C.
Filipo derrota a las fuerzas griegas dirigidas por Atenas y Tebas en Queronea. Él controla toda Grecia.

> *"¿Qué significan las posesiones para mí si no logro nada?"*.
> **Dijo Alejandro en 336 a.C., poco antes de la muerte de su padre.**

Queronea. Alejandro ayudó comandando la caballería y probó su valentía al dirigir un ataque. Después, encabezó una guardia de honor que regresó las cenizas de los enemigos muertos a Atenas. Esto tuvo un gran significado. Lo que Filipo realmente estaba diciéndole a los griegos acerca de Alejandro era: "Aquí está su futuro gobernante". Después de la victoria, Filipo se convirtió en jefe político y militar de Grecia. Bajo su liderazgo, estableció la Liga de Corinto para unificar los estados griegos. También planeó una expedición contra el imperio persa como venganza por su invasión a Grecia en 480-479 a.C. Quería liberar a los griegos que estuvieran todavía bajo el control de Persia en Asia Menor (actualmente Turquía). Pero Filipo fue asesinado a los 46 años de edad.

Uno de sus guardaespaldas, Pausanias, lo mató en la boda de su hija Cleopatra (única hermana de Alejandro). ¿Actuó Pausanias por intención propia? Muchos pensaron que Olimpia era responsable. Algunos consideran que Alejandro fue el culpable pues Filipo ya lo había nombrado sucesor y era el que más se beneficiaba. Independientemente, el resultado era claro: a sus 20 años, Alejandro ya era rey de Macedonia y gobernante de Grecia.

Una ciudad propia

Después de que Alejandro derrotó a los medos, creó una nueva ciudad al estilo griego en el sitio donde se encontraba su capital anterior, y la nombró Alejandrópolis: primera de muchas otras ciudades que nombró en honor a sí mismo.

338 a.C.
Filipo establece la Liga de Corinto y es elegido para dirigir la expedición Panhelénica contra el imperio persa.

336 a.C.
Filipo es asesinado en el boda de su hija en Egeo. Alejandro se convierte en el rey Alejandro III.

Esposas y amigos

Tan pronto como se convirtió en rey, Alejandro tomó medidas para asegurar su posición. Mató a todos sus opositores políticos y posibles rivales al trono. Sólo le perdonó la vida a su medio hermano Filipo Arrideo, quien era enfermo mental. También obtuvo el apoyo del ejército y se dirigió al sur para confirmar su liderazgo en la Liga de Corinto como sucesor de su padre. Después se casó para ganar territorios y conseguir aliados.

Alejandro se casó tres veces, muchas menos que su padre. Su primera esposa, Roxana, era la hermosa hija del jefe Oxiartes, cuyas tierras en

Sogdiana se localizaban en el camino que tomó Alejandro al viajar hacia el este, saliendo de Persia hacia India. Se casaron en 327 a.C., cuando él tenía 29 años. Roxana le dio un hijo, quien después se convertiría en Alejandro IV.

Izquierda: el amigo de Alejandro de toda la vida, Efestión, aquí representado haciendo una ofrenda en un templo. Una sacerdotisa lo recibe. La inscripción de la escultura dice: "Para Efestión, un héroe".

336 a.C.
Darío III se convierte en rey de Persia.

336 a.C.
Un ejército macedonio y griego bajo las órdenes de Parmenión ocupa Asia Menor.

Votación por un rey

Alejandro no se convirtió oficialmente en rey hasta que el ejército de Macedonia lo eligió para el puesto, de la misma forma como anteriormente habían elegido a su padre.

El matrimonio con Roxana fue, por lo menos en parte, un arreglo político, al igual que los matrimonios de Filipo. Lo mismo ocurrió con los dos que Alejandro contrajo en Susa, Persia, en 324 a.C. Uno de ellos fue con Estateira, una de las hijas del derrotado y asesinado Darío III de Persia. El otro fue con Parisatis, hija de Artajerjes III, uno de los predecesores de Darío.

Para Alejandro, sus amigos varones eran mucho más importantes que sus esposas. Su amigo más cercano era Hefestión, a quien conoció cuando era niño al estudiar con Aristóteles. Hefestión se quedó al lado de Alejandro como guardaespaldas, consejero y, posteriormente, gran visir de su imperio. Hefestión murió en Ecbatana (actualmente Irán) en 324 a.C., y Alejandro lo enterró con gran ceremonia.

El oráculo ha hablado

Cuando Efestión murió, Alejandro le preguntó al sacerdote del oráculo de Amun, en Egipto, cómo debía ser recordado su amigo. El oráculo le dijo que Efestión debía ser adorado como héroe más que como dios.

Su otro gran amigo fue el joven persa Bagoas, a quien Alejandro conoció en 330 a.C. y que estuvo a su lado toda su vida. Aunque estas amistades significaron mucho para Alejandro, él era un hombre solitario que buscaba la aventura y la conquista, no el amor.

336 a.C.

El ejército de Macedonia reconoce oficialmente a Alejandro como rey.

Finales del verano de 336 a.C.

Alejandro es reconocido como jefe de la Liga de Corinto y líder de la expedición en contra de Persia.

El señor de Asia

Como jefe de la Liga de Corinto, Alejandro heredó de su padre el liderazgo de la expedición griega en contra del poderoso imperio persa de Asia. Según la leyenda, Alejandro tenía que cortar un nudo "mágico", conocido como nudo gordiano, antes de convertirse en amo de Asia. Sin embargo, primero tenía que atender otros negocios más cerca de casa.

Ya muerto Filipo, algunos territorios en la frontera de Macedonia se rebelaron. Rápidamente, Alejandro atacó por el este a los tribalos de Tracia, y después por el norte, a través del río Danubio, a los paeonianos. Esto extendió las fronteras de Macedonia más allá del área que había controlado Filipo. Después, Alejandro partió al oeste para derrotar a los ilirios.

Macedonia estaba segura, pero los griegos de la Liga de Corinto no eran de fiar. Ante el falso rumor de que habían matado a Alejandro en campaña, se levantaron algunos estados griegos dirigidos por Tebas. En dos semanas Alejandro llegó a las puertas de Tebas, habiendo recorrido 708 kilómetros en sólo 12 días. El ejército de Macedonia pronto tomó Tebas y Alejandro decidió dar una cruel lección a los tebanos y a otros posibles rebeldes: mató a 6 000 tebanos y vendió otros 30 000 como esclavos. Grecia quedó bajo su control.

¿Un tirano terrible?

Con frecuencia Alejandro era despiadado con sus enemigos y hasta con sus amigos. Muchos historiadores piensan que era cruel e inestable. Otros, que sus acciones no eran terribles para su tiempo.

Primavera de 335 a.C.

Alejandro extiende el poderío de Macedonia hacia el norte al río Danubio.

Verano 335 a.C.

El ejército de Alejandro derrota a los ilirios del oeste.

> *"¿Qué importa cómo lo desate?".*
> **dijo Alejandro en Gordión antes de cortar el nudo "mágico".**

Alejandro estaba listo para embarcarse en la más grande aventura de su vida. En la primavera de 334 a.C. navegó la angosta vía fluvial del Helesponto, que separaba a Grecia de Asia, dominada por los persas. Cuando se acercó a la orilla, lanzó y clavó su espada en el suelo y saltó a tierra cubierto con su armadura. Alejandro no lo sabía, pero un año más tarde cortaría el nudo gordiano en la ciudad de Gordión, localizada al este. El nudo ataba el yugo de un carro ceremonial a un alto poste. Los extremos del nudo estaban ocultos para que fuera imposible desatarlo. Se creía que quien lograra hacerlo sería el amo de Asia. Alejandro simplemente sacó su espada y cortó el nudo de un solo golpe. El conquistador de Asia había llegado.

Derecha: Alejandro corta el nudo gordiano de un solo golpe.

Octubre de 335 a.C.

Alejandro captura y destruye la ciudad de Tebas.

Primavera de 334 a.C.

Alejandro se embarca en el Helesponto para llegar a Asia.

LA CONQUISTA DEL MUNDO

3

La entrada en Asia y África

Cuando Alejandro desembarcó en Asia en 334 a.C. tenía apenas 21 años y había sido rey de Macedonia sólo dos años. Frente a él se encontraba la conquista del imperio persa que él deseaba, llena de batallas y famosas victorias. Pero su desembarco en Asia marcó también otro momento decisivo en su vida: nunca más regresaría a su patria.

Arriba: Alejandro se arroja sobre el rey Darío en la batalla de Isos. Este mosaico romano de Pompeya, Italia, data del siglo I a.C. y es copia de la pintura hecha una generación después de la muerte de Alejandro.

Página anterior: Alejandro monta a Bucéfalo durante el combate contra los persas.

El rey de Persia, Darío III, había sido rey durante dos años, igual que Alejandro. Su imperio se extendía desde el Mediterráneo, al este del actual Pakistán, y desde el mar de Aral en el norte, hasta Egipto en el sur. Alejandro quería conquistarlo todo. La primera gran batalla entre macedonios y persas se produjo en el río Gránico, al este de Troya. El ejército de Alejandro formado por 43 000 soldados de infantería y 6 100 soldados de caballería, superaba en número al ejército persa de 16 000 soldados de infantería y 15 000 de caballería. Alejandro cruzó el río lejos de donde se encontraba la principal fuerza persa, haciendo

Mayo de 334 a.C.

Alejandro gana la batalla del río Gránico.

Verano de 334 a.C.

Alejandro sitia y captura Mileto y Halicarnaso, dos ciudades griegas localizadas en la costa de Asia Menor.

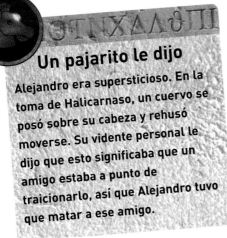

Un pajarito le dijo

Alejandro era supersticioso. En la toma de Halicarnaso, un cuervo se posó sobre su cabeza y rehusó moverse. Su vidente personal le dijo que esto significaba que un amigo estaba a punto de traicionarlo, así que Alejandro tuvo que matar a ese amigo.

que el comandante Arsites moviera su caballería para defender el ala izquierda. Esto dejó al ejército persa extendido y vulnerable.

Aunque la victoria fue para Alejandro, Espitridates, sátrapa de Ionia, casi lo mata con un hacha. Espitridates estaba por dar el último golpe cuando Cleito, hermano de la nodriza de Alejandro, salvó al rey cortándole el brazo al persa.

Después de la batalla, Alejandro fue hacia la costa egea de Asia Menor. La mayoría de las ciudades griegas le dieron la bienvenida, contentos de ser liberados de los persas. Sin embargo, dos ciudades, Mileto y Halicarnaso, rehusaron someterse y fueron sitiadas y capturadas. La segunda batalla más grande ocurrió en Isos, justo donde la costa mediterránea da vuelta hacia el sur, en dirección de Fenicia (actualmente Líbano y la región costera de Israel).

Ahora las fuerzas persas estaban comandadas por el rey Darío, y eran más numerosas que los macedonios. Pero el ejercito de Alejandro estaba mejor entrenado y una vez más venció a los persas. Darío escapó dejando atrás a su madre, su esposa y dos hijas, así como grandes cantidades de tesoros.

Arriba: Darío se vuelve enfurecido en su carro, cuando Alejandro se arroja con violencia hacia él. Inmediatamente después de este acto violento, Darío huye del campo de batalla.

Primavera de 333 a.C.

Alejandro corta el nudo gordiano. Según la leyenda, podría conquistar toda Asia.

Noviembre de 333 a.C.

Alejandro gana la batalla decisiva de Isos contra los persas.

Después de Isos, Alejandro se dirigió una vez más al sur y conquistó otras ciudades costeras. Su plan era derrotar a la enorme flota persa capturando sus bases en tierra; así se protegía de que lo atacaran por la retaguardia y, tal vez, de que invadieran Macedonia. Este plan estuvo cerca de frustrarse en Tiro, ciudad construida en una isla cerca a la costa. Tiro rehusó someterse y Alejandro construyó un terraplén hacia la isla para atacarla. Cuando destruyeron el terraplén, construyó otro. Finalmente logró atacar la isla desde el mar con la ayuda de algunos barcos de guerra fenicios rebeldes. Alejandro prefirió no utilizar la flota griega para asaltar Tiro o atacar a la flota persa. Esto se debió a que la parte más importante de la flota griega era ateniense y Alejandro creía que no podía confiar en su fidelidad. Finalmente capturó Tiro después de siete meses de sitio. Alejandro

Abajo: estas ruinas se encuentran en la ciudad de Tiro, capturada y destruida por Alejandro en el verano de 332 a.C., después de un largo sitio.

Enero a julio de 332 a.C.
Alejandro sitia y captura Tiro.

Septiembre de 332 a.C.
Alejandro sitia Gaza y posteriormente mata al gobernador árabe.

> *Para Alejandro "el enorme placer por las batallas era irresistible, como lo son otros placeres para otros hombres".*
>
> **Arriano, biógrafo de Alejandro e historiador romano del siglo II d.C.**

crucificó a gran número de personas en la costa de Tiro como advertencia a quienes rehusaban someterse.

Con Tiro en sus manos, Alejandro continuó hacia el sur y conquistó Gaza después de sitiarla durante largo tiempo. Como escarmiento, ordenó que ataran al gobernador a un carro y lo arrastraran alrededor de la ciudad hasta que muriera. Después se dirigió al oeste hacia Egipto, reconocido tanto por su ubicación como por su riqueza en oro, granos y otros bienes. Los egipcios le dieron la bienvenida como su libertador del mandato persa.

Alejandro respetó las tradiciones egipcias y ganó popularidad ofreciendo sacrificios al buey sagrado Apis en la antigua capital de Menfis. Tal vez fue coronado faraón el 14 de noviembre de 332 a.C. o alrededor de esta fecha. Entonces, navegó hacia el sur y, donde el río Nilo se encuentra con el mar Mediterráneo, fundó la primera de muchas ciudades que llevarían el nombre de Alejandría. En total, fundó 20 ciudades con ese nombre. Personalmente trazó el plan básico de la Alejandría egipcia, que se convirtió en una de las ciudades más importantes del mundo antiguo.

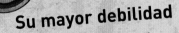

Su mayor debilidad

A pesar de sus muchos logros, algunos historiadores creen que Alejandro nunca aprendió a nadar. Tal vez fue por eso que prefirió capturar las bases en tierra de la fuerza naval persa.

Noviembre de 332 a.C.
Alejandro invade Egipto; probablemente fue coronado faraón.

Enero de 331 a.C.
Alejandro funda la nueva ciudad de Alejandría en Egipto.

Las campañas de Alejandro

Las campañas de Alejandro en Asia se llevaron a cabo en cuatro etapas. La primera, de 334 a 331 a.C., lo llevó a Prigia. Se dirigió al sur a través de Fenicia y entró en Egipto, liberando las ciudades griegas del gobierno persa. A lo largo de su camino, ganó las batallas cruciales del río Gránico e Isos. En la segunda etapa se dirigió hacia el este, conquistando el imperio persa y matando a Besus, asesino del rey persa Darío. La tercera etapa fue para acabar con la oposición a su gobierno en el centro de Asia y extender su imperio dentro de India. Esta etapa terminó cuando su propio ejército se amotinó en su contra. La etapa final, que duró tres años, fue su regreso de India hacia Babilonia, donde murió en 323 a.C.

CAMPAÑAS

— 334 – 331 a.C.
— 331 – 329 a.C.
— 329 – 326 a.C.
— 326 – 323 a.C.

● Sucesos principales

● Principales batallas

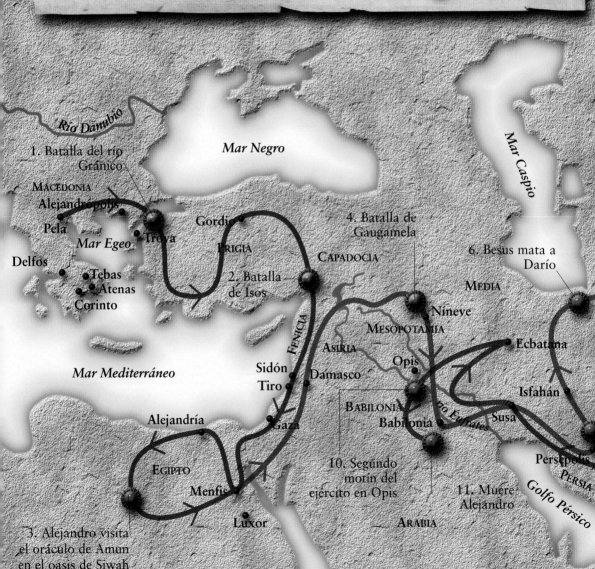

Río Danubio

Mar Negro

Mar Caspio

1. Batalla del río Gránico

MACEDONIA
Alejandrópolis
Pela
Mar Egeo
Troya
Gordio
PRIGIA
4. Batalla de Gaugamela
CAPADOCIA
6. Besus mata a Darío
MEDIA
Nínive
MESOPOTAMIA
Ecbatana
ASIRIA
Opis
Isfahán
Delfos
Tebas
Atenas
Corinto
2. Batalla de Isos
FENICIA
Sidón
Tiro
Damasco
Mar Mediterráneo
BABILONIA
Babilonia
río Éufrates
Susa
Alejandría
Gaza
10. Segundo motín del ejército en Opis
Persépolis
PERSIA
EGIPTO
Menfis
11. Muere Alejandro
Golfo Pérsico
3. Alejandro visita el oráculo de Amun en el oasis de Siwah
Luxor
ARABIA

EL IMPERIO DE ALEJANDRO

El imperio de Alejandro se extendía desde Macedonia en el oeste hasta el río Indo en el este, y desde Egipto en el sur hasta el mar de Aral en el norte. Esto equivale a gobernar todos y cada uno de los países desde Grecia y Albania en Europa, hacia el este a través de Turquía hasta Pakistán en Asia; desde Egipto en África a través de Israel, Jordania, Líbano y Siria hasta Armenia y Azerbaiyán en el Cáucaso, y Afganistán y Uzbekistán en Asia central: un total de 21 países de la época moderna. Era el imperio más grande que el mundo haya visto.

Mar de Aral

SCYTHIA

Alejandrescata

Bujara

7. Besus es capturado y asesinado

Samarcanda

SOGDIANA

Bactra

PARTIA

BACTRIA

8. Batalla del río Hidaspes

Alejandría Aracosia (Kandahar)

Hindu Kush

PAURAVAS

5. Alejandro quema Persépolis

Río Indo

Río Hidaspes

CARMANIA

Pura

Desierto Gedrosiano

N

E

O

Patala

9. Motín del ejército en el río Hifasis

INDIA

S

Mar Arábigo

Se convierte en dios

Arriba: Alejandro rindió homenaje a los dioses egipcios, incluyendo a Horus, que tiene cabeza de halcón. En este relieve sobre piedra perteneciente al templo de Luxor, en el Nilo, aparece llevando la corona de Egipto.

Alejandro fue una figura polémica durante toda su vida. Amado, odiado y temido de igual manera por sus amigos y enemigos. Pero nada causó más controversia que su deseo por ser proclamado un dios. Él fue uno de los primeros griegos en ser adorado en vida como tal.

Mientras estaba en Egipto, Alejandro viajó a lo largo de la costa mediterránea y luego hacia el sur, a través del desierto, para consultar el oráculo de Amun, en el oasis de Siwah. El viaje fue doblemente peligroso. Darío hubiera podido atacar mientras él estaba fuera, y Alejandro pudo perder la vida fácilmente en una de las frecuentes tormentas de arena. No está claro por qué hizo este viaje, o cuáles fueron las preguntas que hizo al oráculo, pero después de su visita Alejandro declaró que tenía una relación cercana con Amun, dios egipcio del cielo.

Marzo de 331 a.C.
Alejandro visita el oráculo de Amun en el oasis de Siwah, Egipto.

Primavera de 331 a.C.
Alejandro regresa a Tiro y organiza el control financiero de su creciente imperio asiático.

Es probable que él creyera que Amun era su padre. Por extraño que parezca, proclamar ser hijo de un dios –a diferencia de proclamarse dios– era usual en el mundo griego. Por su parte, los egipcios adoraban a Alejandro como un dios vivo porque él era su faraón (aunque tal vez nunca lo coronaron), y todos los faraones eran divinos.

Algo aún más cuestionado fue cuando cuatro años más tarde, en 327 a.C. en Bactra (actualmente Afganistán), Alejandro pidio a su corte que le rindiera homenaje o *proskynesis*. A sus nuevos súbditos persas no les importó; consideraban que ese tipo de homenaje era muestra de respeto a un ser superior, y nadie era superior a Alejandro, quien en ese momento era el gran rey de Persia. Sin embargo, macedonios y griegos lo vieron como un acto religioso y muchos se negaron a obedecer, pues no consideraban que Alejandro fuera un dios como Zeus o Apolo. De hecho, una de las razones por las que Alejandro demandaba este homenaje era para hacer que sus súbditos macedonios, griegos y persas fueran iguales dentro del imperio.

Algunos escritores antiguos sugieren que en 324 a.C. Alejandro ordenó que lo adoraran como un dios. Esto no puede probarse con seguridad, pero entonces Alejandro se consideraba a sí mismo invencible y virtualmente un dios.

"Los delegados... le ponían guirnaldas de oro sobre la cabeza como si su coronación fuera un ritual en honor a un dios".
Arriano, en la primavera de 323 a.C., al escribir acerca de los delegados griegos reunidos con Alejandro en Babilonia.

Agosto de 331 a.C.
Alejandro y su ejército cruzan el río Éufrates y llegan a Mesopotamia.

Septiembre de 331 a.C.
Alejandro conduce su ejército a Asiria y se prepara para enfrentarse al de Darío por última vez.

La entrada en Persia

El 1 de octubre de 331 a.C., Alejandro y su ejército se enfrentaron con Darío por última vez. En Grecia se desató una revuelta pero fue aplacada fácilmente. Alejandro estaba listo para lograr la ambición de toda su vida y completar la conquista del poderoso imperio persa.

Arriba: dos soldados en posición de firmes, sobre la pared de la sala de audiencias de Darío, en un palacio de Persépolis.

La batalla decisiva se libró en una llanura calurosa en Gaugamela, no lejos de Nínive, antigua capital Asiria y actualmente Iraq. Debido a que Darío tenía ventaja en número de soldados, a Alejandro le aconsejaron atacar de noche. Él rehusó y prefirió luchar durante el día. Darío tenía cerca de 22 0000 soldados de infantería y 30 000 de caballería, mientras que Alejandro contaba con 40 000 soldados de infantería y 7 000 de caballería. Pero una vez más, y gracias a que las tácticas y

Otoño de 331 a.C.

Antípatros, lugarteniente de Alejandro en Macedonia, aplaca una revuelta en Esparta en la batalla de Megalópolis.

Octubre de 331 a.C.

El ejército del rey Darío es vencido en la batalla de Gaugamela y él huye.

> *"No me voy a degradar al robarle la victoria como un ladrón".*
> **Alejandro a Parmenio, su general más importante, cuando rehusó atacar de noche antes de la batalla de Guagamela.**

habilidades de su caballería eran mejores, Alejandro obtuvo la victoria y Darío huyó.

Tras la batalla, Alejandro se trasladó al sur a la ciudad de Babilonia, donde su ejército pudo descansar. Un mes después, continuó hacia Persia (actualmente Irán) a la capital, Susa, donde Alejandro se sentó por primera vez en el trono imperial. Ahí se apoderó de los tesoros de la nación, pero encontró más riquezas en los palacios reales de Persépolis. Obtuvo tanto oro, plata, joyas, alfombras, tapices y otros artículos que necesitó una caravana de carros para transportarlo. Entonces, Alejandro ordenó quemar Persépolis.

Al hacerlo, perdió la oportunidad de que los persas lo aceptaran como su rey. Tuvo que capturar a Darío y forzarlo a abdicar. Al trasladarse al norte hacia Ecbatana, Alejandro se enteró de que Darío había huido al este hacia Bactria.

Alejandro reorganizó su ejército. No confiaba en la lealtad de sus soldados griegos y como las ciudades griegas de Asia Menor habían sido liberadas y Darío casi vencido, ya no necesitaba de ellos. Despidió a quienes querían irse; a los que se quedaron les ofreció tres talentos, una suma enorme.

El ladrón maldito

Los persas no consideraban que Alejandro fuera un héroe o un libertador, sino un *Iskander*, "el ladrón", por robar su país. Hoy todavía lo llaman así en Irán.

Mayo de 330 a.C.

El ejército de Alejandro marcha a través del imperio persa hacia Persépolis, ciudad que quema.

Junio de 330 a.C.

Alejandro reorganiza su ejército. A quienes se quedan les paga una enorme cifra por su lealtad.

Una vez distribuidas sus tropas, Alejandro dispuso una veloz persecución de Darío, cubriendo 724 kilómetros en tres semanas. Pero fue en vano. Darío había sido asesinado por un pariente lejano, Besus. Cuando el ejército macedonio se acercó, Besus clavó a Darío una jabalina. Un soldado macedonio lo encontró moribundo y le dio agua. Cuando llegó Alejandro, Darío ya había muerto. Alejandro envió su cuerpo a Persépolis para que fuera enterrado en el cementerio real y se dispuso a capturar a Besus.

Durante los siguientes tres años, Alejandro permaneció en el norte del imperio persa, persiguiendo a Besus y sofocando rebeliones. Sus viajes lo llevaron al este, que actualmente es Kandahar, en Afganistán, y después al norte a través de la cordillera del Hindu Kush, dentro de Asia Central. En la primavera de 329 a.C., cerca de Samarcanda, hoy Uzbekistán, finalmente capturó y mató a Besus. Las tropas de Alejandro lucharon y conquistaron toda el área en 327 a.C.

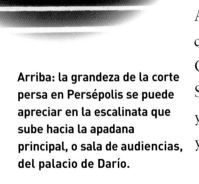

Arriba: la grandeza de la corte persa en Persépolis se puede apreciar en la escalinata que sube hacia la apadana principal, o sala de audiencias, del palacio de Darío.

Julio de 330 a.C.

Darío es asesinado por Besus, uno de sus parientes, justo antes de que Alejandro lo alcanzara.

Verano de 329 a.C.

Alejandro captura y asesina a Besus en Sogdiana.

Alejandro demostró ser un gran general tanto en los ataques guerrilleros, sorpresa a pequeña escala, como en las grandes batallas organizadas.

Para este momento, Alejandro ya se comportaba como emperador persa y no sólo como general macedonio. Su posición como rey de un gran imperio era tan importante para él que intentó que las tropas y los cortesanos macedonios adoptaran el vestuario y las costumbres persas, y le rindieran homenaje a la manera persa. También se casó con Roxana, hija del jefe sogdiano vencido, cuyo apoyo quería conseguir. Para Alejandro, los macedonios debían adoptar el estilo de vida de los persas vencidos y no al revés.

La extracción

Cuando Alejandro estaba acampando en Sogdiana, un chorro de agua y otro de petróleo surgieron cerca de su tienda. Alejandro pensó que significaba que habría problemas más adelante. De hecho, es la primera mención del petróleo en toda la literatura griega.

Esto fue demasiado para algunos de sus seguidores, quienes conspiraron en su contra. Alejandro ya había asesinado a uno de sus más viejos amigos, Clito, en una borrachera, por haberse atrevido a oponérsele en este tema. Él se volvió contra los conspiradores, un grupo de asistentes reales, y los mató. El historiador elegido por Alejandro, Calístenes, fue sorprendido en el complot: también fue ejecutado.

Izquierda: en Persia, así como en las demás campañas, Alejandro montó a Bucéfalo, que entonces ya era un caballo viejo, aunque aún fuerte y vigoroso.

Primavera de 327 a.C.

Alejandro se casa con Roxana y exige a todos sus discípulos de Bactra, hoy Afganistán, que le rindan homenaje.

Primavera de 327 a.C.

Alejandro aplaca la conspiración en su contra y ejecuta a Calístenes, su historiador.

La entrada en India

Para 327 a.C., Alejandro ya había aplastado el último vestigio de oposición en Persia. Muchos de sus seguidores esperaban que se detuviera, pero Alejandro tenía otros planes. Quería conquistar India.

Los griegos creían que el mundo estaba rodeado por una gran masa de agua conocida como "océano", localizada justo frente a India. Alejandro ansiaba verla, pues entonces habría conquistado todo el mundo conocido. También quería reconquistar partes de India que alguna vez pertenecieron al imperio persa. En la primavera de 327 a.C. volvió a cruzar el Hindu Kush en dirección a India y dividió sus tropas. Un grupo, bajo las órdenes de su amigo Efestión, se dirigió al este a través del Paso de Kiber hacia el río Indo, mientras que Alejandro se encaminó hacia el norte. El ejército que él controlaba había cambiado drásticamente desde que las fuerzas macedonias y griegas habían cruzado el Helesponto siete años antes.

Abajo: Alejandro y su ejército cruzaron dos veces la cordillera del Hindu Kush en Asia central: una vez al perseguir a Besus en la primavera de 329 a.C., y otra en su camino hacia India en la primavera de 327 a.C.

Primavera de 327 a.C.

Alejandro y su ejército vuelven a cruzar el Hindu Kush y conquistan la región que actualmente es Pakistán.

Primavera de 327 a.C.

Alejandro recluta 30 000 persas para entrenarlos como "sucesores" de la envejecida "vieja guardia" macedonia.

Aunque era mucho más numeroso, pues incluía a tropas persas y soldados que fueron obligados a luchar por Alejandro, en el ejercito ya sólo había alrededor de 15 000 macedonios. Reclutó a 30 000 jóvenes persas de buenas familias para que fueran entrenados y con el tiempo reemplazaran a la "vieja guardia" macedonia. A este grupo le llamó "sucesores". Obviamente, Alejandro planeaba hacer muchas más campañas.

Arriba: durante la batalla del río Hidaspes en mayo de 326 a.C., Alejandro y su ejército lucharon contra terroríficos elefantes.

En la primavera de 326 a.C., ya había conquistado los estados del norte de India y se había reunido con Efestión en el río Indo. Ahora, su objetivo eran las tierras del rajá Poros. Alejandro envió un mensaje pidiéndole que le rindiera homenaje. Poros contestó con un ejército de 50 000 soldados y 85 elefantes. Los dos ejércitos se encontraron en el río Hidaspes. Al ser la estación de monzones, el río estaba desbordándose y Alejandro no pudo cruzar. Por eso dividió a su ejército y fue río arriba, dejando atrás una fuerza de reserva. Poros lo siguió, Alejandro cruzó el río y los ejércitos se enfrentaron. La batalla fue cerrada; Poros fue vencido cuando las reservas de Alejandro cruzaron y lo atacaron por la retaguardia.

Mayo de 326 a.C.
Alejandro gana la batalla de Hidaspes en contra de Poros, rajá de Pauravas.

Mayo de 326 a.C.
Bucéfalo muere por las heridas recibidas en la batalla de Hidaspes.

Arriba: en India, Alejandro utilizó todas las técnicas que conocía para tomar una ciudad, incluyendo una pared de fuego, como la que aquí se muestra.

Fue una gran victoria, tal vez la mejor. La derrota de Poros abrió el camino para conquistar India, pero las tropas de Alejandro estaban cansadas y empapadas por la lluvia, ya que el monzón continuaba. Alejandro intentó convencerlas de que el océano estaba cerca. Pero el ejército había oído rumores de que frente a ellos sólo había una gran cantidad de tierra llena de gente hostil armada con temibles elefantes. Se negaban a continuar.

En junio de 326 a.C., el ejército se trasladó hacia el este, otra vez al río Hyphasis, actualmente conocido como río Beas. La tierra era plana y el océano no estaba a la vista. Entonces, los soldados se amotinaron. Rehusaban seguir adelante y Alejandro no los pudo convencer. Alejandro regresó al río Hidaspes.

Meses antes, Alejandro había ordenado la construcción de una gran flota, que ahora estaba lista. Alrededor de 8 000 soldados se embarcaron y navegaron hacia abajo en los ríos Hidaspes e Indo al mar Arábigo. El resto del ejército, dirigido por Alejandro, se dividió en dos y caminó río abajo por ambas riberas. Al principio no hubo ningún incidente en su marcha, pero pronto los atacaron las tribus locales. La marcha de las tropas se convirtió en una larga y continua batalla.

Junio de 326 a.C.

Su ejército se amotina en las riberas del río Hifasis y Alejandro regresa al río Hidaspes.

Noviembre de 326 a.C.

Parte de su ejército navega por los ríos Hidaspes e Indo, mientras el resto marcha a lo largo de las riberas.

> *"Ya pueden decir a su gente que desertaron de su rey*
>
> *entre sus enemigos".*
>
> **Alejandro solicitando apoyo cuando su ejército se amotinó en el río Hifasis**

Asesinaron a miles en su camino hacia el mar. En un momento dado Alejandro sitió una ciudad ocupada por el pueblo malli. Sus soldados dudaban si debían unirse al asedio, así que Alejandro trepó una pared y entró a la ciudad, exhortándolos a seguirlo. Casi solo, atacó Malli hasta que una flecha le atravesó el pecho y le perforó un pulmón. Por suerte, algunos soldados se abrieron camino luchando, entraron a la ciudad y lo rescataron.

Alejandro se recuperó y el ejército retomó su viaje hacia el sur, llegando a Patala (posiblemente la actual Hiderabad), cerca de la costa del mar Arábigo, a finales del verano de 325 a.C. Un grupo de soldados más viejos, dirigidos por Crátero, había sido enviado al oeste del Indo hacia Persia Central. Pero entonces Alejandro ideó el más extraordinario plan de toda su carrera: marchar a través del terrible desierto Gedrosiano (o Makran) mientras su flota navegaba el Indo río abajo hacia el mar, y después hacia el oeste a lo largo del mar Arábigo y el golfo Pérsico.

Izquierda: Esta moneda de plata, emitida por Ptolomeo I de Alejandría (304–284 a.C.), muestra a Alejandro con un tocado de cuero cabelludo de elefante, para conmemorar sus múltiples victorias en India.

325 a.C.

Casi matan a Alejandro cuando atacó la ciudad de Malli.

Julio 325 a.C.

El ejército y la armada de Alejandro llegan a Patala, cerca del mar Arábigo.

EL FINAL DE
SU MUNDO

4

El regreso de India

Desde que Alejandro cruzó el Helesponto, todos esos años, sus tropas lo habían seguido fielmente hacia lo desconocido. En Pakistán, a orillas del río Hyphasis, se amotinaron. Tal vez en venganza Alejandro los condujo al infierno del desierto Gedrosiano.

No se sabe por qué Alejandro eligió esa ruta de regreso a Persia. Fácilmente hubiera podido tomar una al norte que era más segura y que ya habían tomado Crátero y su tropa. Tal vez Alejandro buscaba venganza, o probablemente porque nadie había caminado antes en el desierto Gedrosiano. Sin importar las razones, Alejandro estaba determinado a tener éxito.

Su plan incluía una minuciosa coordinación entre su ejército y la flota dirigida por su amigo de la infancia, Nearco de Creta. Los 85 000 integrantes de la armada debían marchar a lo largo de la costa, cavando pozos para proveer agua.

Página anterior: la cabeza de bronce de Alejandro se esculpió alrededor de 100 años después de su muerte.

Abajo: en su viaje a lo largo del mar Arábigo, Nearco y su flota a veces se encontraban con pescadores que les vendían pescado, como los de la actualidad.

Agosto de 325 a.C.
Alejandro se lanza hacia Persia a través del terrible desierto Gedrosiano.

Septiembre de 325 a.C.
Nearco llega al mar Arábigo y zarpa con su flota de regreso a casa.

"Lo más bello que hizo jamás".
Arriano cuando Alejandro se rehusó a tomar agua en el desierto Gedrosiano

La flota debía navegar por la costa, abastecida para cuatro meses. En la primera parte de la ruta a través de lo que hoy es Baluchistán, en el sur de Pakistán, consiguieron mucha comida y agua. Pero después todo empezó a ir mal. El ejército se vio obligado a adentrarse para evitar las montañas de la costa y perdió contacto con la flota.

Hombres, mujeres y niños viajaron a través de tierra fértil hasta llegar, desprovistos de agua, a la ardiente arena. En cierto momento, un soldado encontró agua y la recogió con su casco para dársela a Alejandro. Sediento, él se rehusó a tomarla y se solidarizó con sus hombres. Cuando al fin llovió, el agua cayó a cántaros. El cielo parecía desplomarse y los torrentes de agua corrían por las hondonadas, barriendo todo a su paso. Una vez terminadas las lluvias, empezaron las tormentas de arena. Una fue tan terrible que Alejandro se perdió y caminó hacia el norte. Por suerte se dio cuenta y dirigió una pequeña tropa de regreso al mar. El resto del ejército lo siguió y los guías descubrieron un camino que llevaba a Pura, la capital local. Tras dos meses en el desierto, Alejandro penetró en el sur de Persia. Miles de sus hombres, tal vez más de la mitad, murieron de sed y calor.

El viaje en el desierto

Mientras que las tropas cruzaban el desierto Gedrosiano, las serpientes venenosas los atacaron y sus animales murieron después de comer plantas venenosas. También, una furiosa tormenta barrió todo el convoy de las provisiones, matando a muchas mujeres y niños.

Octubre de 325 a.C.
Alejandro llega a la seguridad relativa de la ciudad de Pura, al sur de Persia.

Diciembre de 325 a.C.
Alejandro, Crátero y Nearco se reúnen en el sur de Persia. Nearco continúa después hacia el norte del golfo Pérsico, hacia Susa.

> *"Los persas y los macedonios podrían gobernar en armonía como un poder imperial".*
>
> La plegaria de Alejandro en el banquete de reconciliación en Susa, en junio de 324 a.C.

En Carmania, al sur de Persia, Alejandro se encontró con Crátero y las tropas que durante el verano había enviado de regreso desde el Indo, así como con la armada de Nearco. Ya reunidos, el ejército lo celebró en grande.

Pero él estaba inquieto, había rumores de revueltas y hasta confabulaciones en contra de su vida. Actuó decisivamente y ejecutó a gran número de sus generales y sátrapas –tanto macedonios como persas– y ordenó que se despidiera a los mercenarios para que no se pudieran organizar y luchar en su contra. Éste fue un "reinado del terror", en el que Alejandro actuó brutalmente. Uno de sus viejos amigos, Harpalo, el tesorero imperial, escapó con una parte de la riqueza de Alejandro. Alejandro temía más problemas.

En marzo de 324 a.C., Nearco finalizó su viaje por el norte del golfo Pérsico, cerca de Susa, donde se encontró con Alejandro una vez más. Alejandro aprovechó para celebrar una boda tumultuosa, concediendo mujeres persas nobles a más de 80 de sus seguidores macedonios.

La conmoción de las Olimpiadas

En los juegos olímpicos del verano de 324 a.C., Alejandro ordenó a todas las ciudades griegas recibir de regreso a los ciudadanos en exilio. Muchos habían luchado alguna vez contra sus propias ciudades y huido para unirse con Alejandro. Meses después de la muerte de Alejandro, esta orden provocó una revuelta masiva contra Macedonia.

Enero de 324 a.C.

El tesorero y amigo de la infancia, Harpalo, escapa a Atenas con mucho dinero de Alejandro.

Enero de 324 a.C.

Alejandro ejecuta a muchos sátrapas y generales durante el llamado "reino del terror".

También bendijo la unión de 10 000 de sus tropas con mujeres persas y a cada pareja le regaló dinero. Antes de continuar su viaje a Opis, él mismo se casó con dos mujeres, ambas de la casa real persa.

Alejandro quería crear una clase gobernante persa-macedonia que gobernara y luchara por su imperio en el futuro. Sin embargo, muchos macedonios objetaron sus continuos intentos para hacerlos adoptar las costumbres persas. En junio de 324 a.C., el ejército se amotinó una vez más. Ahora, se quejaban del despido de 10 000 soldados macedonios y su reemplazo con 30 000 "sucesores" persas que Alejandro había empezado a entrenar en 327 a.C. Alejandro pidió a los amotinados que volvieran a casa. Tras este ultimátum, muchos se arrepintieron. Alejandro hizo un banquete de reconciliación para sus soldados macedonios y les otorgó el título persa de "pariente". Muchos se apaciguaron pero muchos otros no lo hicieron.

Abajo: después de las ardientes arenas del desierto Gedrosiano, estas lomas sombrías en el sur de Persia debieron de parecerles atractivas a Alejandro y sus tropas.

Abril de 324 a.C.

En Susa se llevaron a cabo bodas tumultuosas de Alejandro y sus tropas con mujeres persas.

Junio de 324 a.C.

El ejército se vuelve a amotinar en Opis, cuando Alejandro intenta despedir a las tropas más viejas y fieles.

Muerte del conquistador

El último año de la vida de Alejandro fue difícil. Sus eternas luchas, la humillación de dos motines del ejército, la prueba severa de cruzar el desierto Gedrosiano, y la casi fatal herida que recibió en India, habían minado gran parte de su energía. Ahora perdería a su mejor amigo, un golpe del que nunca se recuperaría completamente.

Arriba: Alejandro murió en el palacio real cerca de los legendarios Jardines Colgantes de Babilonia, construidos 250 años antes por Nabucodonosor, su predecesor babilónico.

En el verano de 324 a.C., Alejandro viajó a la ciudad de Ecbatana, localizada en una colina. Ahí festejó con sus amigos, incluyendo al compañero de toda su vida, Hefestión. Una noche, Hefestión cayó con fiebre y murió unos días después. Alejandro estaba devastado por la tristeza; se cortó el cabello como duelo y ordenó que también le cortaran las crines y las colas a los caballos reales. Embalsamó el cuerpo de Hefestión y lo envió a Babilonia, capital del imperio, para celebrar un funeral espléndido.

La venganza por un amigo

Alejandro vengó la muerte de Hefestión de la manera más cruel posible: crucificó al médico por no haber podido curarlo. También aniquiló a una tribu de la montaña. Dijo que era una ofrenda "para la sombra (espíritu) de Hefestión".

Octubre de 324 a.C.

El mejor amigo de Alejandro, Hefestión, muere de una fiebre en Ecbatana, Media.

Invierno de 323 a.C.

Alejandro arriba a Babilonia y empieza a planear su expedición a Arabia.

Tras la muerte de su mejor amigo, Alejandro concibió nuevos proyectos: la invasión de Arabia y quizá el ataque a Cartago en el Mediterráneo. Tenía 32 años y había sobrevivido a todas las dificultades.

En la primavera de 323 a.C., Alejandro regresó a Babilonia. Los videntes le advirtieron que no entrara a la ciudad mirando hacia donde se pone el Sol. Como al oeste de la ciudad había pantanos imposibles de cruzar, ignoró su consejo y entró por el este. Varios sucesos adicionales –como cuando el sombrero que lo protegía del Sol, y que estaba amarrado con el listón real, voló contra la tumba de un rey muerto hacía mucho tiempo, o cuando un loco se sentó en su trono mientras él estaba de pie revisando sus tropas– parecían malos presagios.

El 29 de mayo de 323 a.C., Alejandro organizó un banquete para Nearco de Creta, quien planeaba un viaje alrededor de Arabia. Bebió hasta entrada la noche y al día siguiente despertó con fiebre, tal vez causada por tifus o paludismo. Su condición empeoró y ordenó a sus oficiales mantenerse cerca. Alejandro dio el anillo real a su general Pérdicas para que los negocios imperiales continuaran recibiendo su sello de aprobación. El 10 de junio sus amigos permanecieron a su lado. "¿A quién dejas tu imperio?", le preguntaron. "Al más fuerte", contestó. Y con esas palabras murió.

Izquierda: Alejandro es representado maliciosamente como el dios Pan en esta estatua griega de mármol. Pan era el nombre que también se daba al pánico en combate, algo que Alejandro nunca padeció.

Primavera de 323 a.C.
Los delegados griegos reconocen a Alejandro como dios.

10 de junio de 323 a.C.
Alejandro muere de fiebre en Babilonia.

¿Dónde está enterrado Alejandro?

Abajo: este sarcófago de piedra se asocia desde hace mucho tiempo con Alejandro, pero fue hecho para Nectanebo II, último faraón de Egipto.

Cuando Alejandro murió en Babilonia en 323 a.C., su cuerpo fue embalsamado. Al año siguiente, una escolta emprendió el viaje para llevar el cuerpo al cementerio de Egeo, en Macedonia. Sin embargo, algunos creían que Alejandro había pedido ser enterrado cerca del oráculo de Amun en Egipto, que él había visitado en 331. Así, cuando el cuerpo llegó a Siria, Arrideo, comandante de la escolta, cambió la dirección y se dirigió hacia el sur a través de Damasco. Ahí lo alcanzó Ptolomeo, comandante de Egipto. Él llevó el cuerpo a Menfis, capital egipcia, donde estuvo durante 40 años hasta que fue trasladado a la nueva capital, Alejandría. Ahí se construyó un mausoleo, y sabemos que lo visitaron tanto Julio César como el primer emperador romano, Augusto. Los registros muestran que el mausoleo sobrevivió por lo menos hasta el año 365 d.C., cuando un terremoto y una ola golpearon la ciudad. La tumba y el cuerpo desaparecieron.

Abajo: Alejandría se ha reconstruido muchas veces desde que Alejandro la fundó en 331 a.C. Nunca se ha descubierto el lugar donde Alejandro fue enterrado.

¿SU LUGAR DE DESCANSO FINAL?

Casi al mismo tiempo que desapareció el cuerpo de Alejandro, apareció en Alejandría, por primera vez, el de san Marcos, autor de uno de los evangelios de la Biblia. En 828 d.C., dos mercaderes robaron su cuerpo y lo llevaron a Venecia, Italia, donde se construyó una iglesia para albergar los restos: algunos creen que el cuerpo que yace en la Basílica de San Marcos es Alejandro.

El legado de Alejandro

En su corta vida, Alejandro logró mucho. Murió antes de cumplir 33 años pero gobernó el imperio más grande del mundo. Éste se extendía desde el mar Adriático en el oeste hasta lo que actualmente es Pakistán en el este, y desde Egipto en África y al sur del actual Uzbekistán, hasta el norte de Asia Central. Pero, ¿qué legado dejó?

Alejandro dejó su imperio en manos del hijo que Roxana llevaba en el vientre y de su medio hermano Filipo Arrideo, enfermo mental. Ninguno era un sucesor apropiado. El regente Pérdicas trató de mantener unido el imperio para ellos, pero hacia el año 270 a.C. habían emergido tres reinos separados en Egipto, en el oeste de Asia y en Macedonia. Con el tiempo, cada uno fue conquistado por el siguiente gran poder imperial: Roma.

Abajo: esta biblioteca en Alejandría fue fundada en 2003 como sucesora de la gran biblioteca fundada en la ciudad de Alejandro. Se decía que el edificio original contenía 700 000 rollos de pergamino con todo el conocimiento de la humanidad hasta entonces.

323 a.C.
Alejandro es sucedido por su hijo aún no nacido y por su medio hermano. Pérdicas fue el regente.

321 – 270 a.C.
Después de que Pérdicas fue asesinado, finalmente el imperio se dividió en tres reinos separados.

Aunque el imperio sucumbió al dominio romano, su unidad grecoparlante prevaleció. La cultura griega dominó hasta la invasión de los árabes en el siglo VII. Esta unidad permitió que la cristiandad se expandiera de Judea a toda la región. Su principal apóstol, san Pablo, era grecoparlante y el *Nuevo Testamento* se escribió en griego. Sin Alejandro, es difícil que la cristiandad se hubiera dispersado por el mundo.

También, como líder, Alejandro fue insuperable y cruel. Se ha calculado que fue responsable de la muerte de 750 000 personas.

En 1991, el estado balcánico de Yugoslavia se dividió en naciones independientes. Una de ellas es Macedonia y comparte el nombre con una provincia del norte de Grecia. Ambas fueron alguna vez parte de la antigua Macedonia. Grecia se puso furiosa con su vecino por utilizar un nombre ligado con Alejandro. Los dos países casi entran en guerra por este asunto: señal de lo importante que es todavía Alejandro, más de 2 300 años después de su muerte.

Derecha: esta estatua de Alejandro montado sobre Bucéfalo se encuentra en Tesalónica, Grecia, alguna vez parte de Macedonia.

"La antorcha que Alejandro prendió, humeó durante mucho tiempo sin tener una llama... pero nunca ha sido, y nunca podrá ser apagada por completo".

W.W. Tarn, historiador y biógrafo de Alejandro, 1948.

Siglo I d.C.

San Pablo extiende la cristiandad a lo largo del mundo grecoparlante.

1991

La antigua República Yugoslava de Macedonia se declara independiente, lo que ocasionó dificultades con Grecia.

Glosario

Abdicar renunciar al trono, sea voluntariamente o bajo amenaza.

Aquiles héroe de las guerras de Troya, hijo de un padre mortal y de una madre divina, la diosa Tetis.

Amun el dios egipcio del cielo, conocido por los griegos como Amón.

Apis buey sagrado egipcio, considerado como la representación terrenal del dios Ptah.

Aristóteles científico y filósofo griego (384-322 a.C.). Fue tutor de Alejandro a partir de 343 a.C.

Arriano Lucius Flavius Arrianus Xenophon, II siglo d.C. Político e intelectual griego que escribió dos de los más grandes libros acerca de Alejandro, *Anábasis* (la marcha hacia el norte del país) e *Índica* (asuntos indios).

Augurio suceso considerado señal de felicidad o desastre futuros.

Aulós antiguo instrumento musical griego de viento con doble lengüeta.

Busto pieza de escultura o de pintura que representa la cabeza, los hombros y la parte superior del pecho de un cuerpo humano.

Calístenes pariente de Aristóteles a quien Alejandro nombró historiador oficial. Estuvo implicado en la conspiración contra Alejandro y fue ejecutado por traición en 327 a.C.

Caballería tropas montadas a caballo.

Campaña acciones militares, como una serie de ataques inesperados o invasiones.

Casa real familia real.

Ciudad estado ciudad independiente y su territorio circundante.

Clase grupo de personas con posición social y económica similar.

Cortesano miembro de una corte real que trabaja para el rey.

Dialecto lengua hablada en un área geográfica particular.

Dionisio dios griego del vino y la transformación.

Embalsamar aplicar a un cuerpo muerto conservantes para evitar que se descomponga.

Enviado diplomático, representante o mensajero enviado de un estado a otro.

Faraón título de un rey y gobernante en el antiguo Egipto.

Gran visir oficial en jefe o ministro personal de un rey o emperador.

Guerra de guerrillas ataques con grupos pequeños e irregulares de soldados que conocen el terreno y sacan ventaja de ello.

Guerras de Troya guerras míticas entre los griegos y la ciudad de Troya en Asia Menor, causadas por el rapto de la reina griega

Helena por Paris, hijo del rey Príamo de Troya. Duraron diez años y posiblemente se basaron en la verdadera guerra o guerras llevadas a cabo *ca.* 1200 a.C.

Heracles hijo del dios Zeus y de una mujer mortal, Alcmene. Fue famoso por sus 12 hazañas sobrehumanas. Conocido también por su nombre romano, Hércules.

Heredero hombre o mujer sucesor del trono tras la muerte o renuncia de un monarca.

Homenaje muestra de respeto a un superior.

Homero poeta ciego considerado el escritor de *La Ilíada*, sobre las guerras de Troya, y *La Odisea*, acerca de los largos viajes de Ulises después de la guerra. Siete ciudades griegas dicen ser el lugar de nacimiento de Homero, pero no se sabe nada de su vida y es poco probable que una sola persona haya escrito ambos textos.

Infantería la parte del ejército formada por soldados que luchan a pie.

Juegos olímpicos juegos griegos celebrados una vez cada cuatro años en los tiempos antiguos; se cree que se iniciaron en 776 a.C.

Lira antiguo instrumento de cuerdas cuya caja de concha de tortuga hacía resonar las cuerdas.

Mausoleo tumba grande y majestuosa.

Mercenario soldado que pelea por un país o gobernante extranjero a cambio de dinero.

Motín rebelión de soldados contra su comandante.

Oráculo mensaje divino que presagia algún suceso.

Oráculo de Delfos mensaje dado en el templo de Apolo, localizado en Delfos, Grecia, donde residía una sacerdotisa que revelaba verdades divinas.

Plutarco filósofo y biógrafo griego (*ca.* 46-120 d.C.) famoso por la obra *Vidas paralelas*, en la que compara parejas de soldados y hombres de estado griegos y romanos. Igualó a Alejandro con Julio César.

Proskynesis palabra griega que designa el acto de adorar a los dioses. Los persas consideraban que la *proskynesis* era meramente una costumbre social, un acto de respeto u homenaje a un superior social, sin significado religioso.

Regente persona encargada de gobernar un país cuando el rey o la reina son demasiado jóvenes o están ausentes.

Sarcófago ataúd de piedra, con frecuencia adornado con grabados.

Sátrapa gobernador local de una satrapía o región del imperio persa.

Semental caballo macho utilizado con frecuencia para la reproducción.

Simposio reunión griega sólo para varones, en la cual se bebía y discutían asuntos políticos.

Sitiar rodear una ciudad con un ejército para forzarla a rendirse.

Traición ofensa seria contra el rey, reina o gobernante de un país; generalmente se penaba con la muerte.

Vidente persona que dice ver el futuro.

Bibliografía

Alexander the Conqueror: The Epic Story of the Warrior King, Foreman, Laura, publicado por Da Capo Press, 2004

Alexander the Great: The Heroic Ideal, Briant, Pierre, publicado por Thames & Hudson, 1996

Alexander the Great: The Hunt for a New Past, Cartledge, Paul, publicado por Macmillan, 2004. El autor de este libro está particularmente en deuda con el profesor Cartledge por haber revivido a Alejandro en su excelente trabajo de investigación bibliográfica e histórica.

History Today, julio 2004, volumen 54 (7). Por un artículo de Paul Cartledge acerca de Alejandro, y uno de Andrew Chugg acerca de el lugar de su tumba.

Algunos sitios web que te ayudarán a explorar la vida de Alejandro:

http://es.wikipedia.org/wiki/Alejandro_Magno
Una biografía muy completa de Alejandro Magno, con enlaces a sus conquistas más importantes.
http://wwws.la.warnerbros.com/movies/alexander/
Sitio web oficial de la película Alexander, de Oliver Stone.
http://www.latercera.cl/medio/articulo/ 0,0,38035857_152309057_147568530,00.html
La vida y trayectoria de Alejandro Magno con un sinfín de imágenes y datos.

http://es.wikipedia.org/wiki/República_de_ Macedonia
Un sitio con mucha información sobre la actual Macedonia.
http://www.escolar.com/avanzado/historia013.htm
Aquí encontrarás más información sobre Macedonia, Filipo II y Alejandro Magno.

Índice alfabético

Reconocimientos

Fuente: AA = El archivo de arte

i = inferior
c = centro
s = superior

Portada delantera AA/Dagli Orti; 1 AA/Dagli Orti; 3 AA/Dagli Orti; 4s Scala, Florencia/Museo Arqueológico, Siracusa; 4i AA/Dagli Orti; 5s AA/Dagli Orti; 5i AA/Dagli Orti; 7 Scala, Florencia/Museo Arquelógico, Siracusa; 8 AA/Dagli Orti, 9 AA/Dagli Orti; 10-11 Imágenes Getty/Altrendo; 11s akg-images/Meter Connolly; 11i Corbis/C John Heseltine; 12 AA/Dagli Orti; 13s AA/Dagli Orti; 13i AA/Dagli Orti; 14 Scala, Florencia/Museo Arqueológico, Florencia; 16 Scala, Florencia; 22 La Biblioteca de Arte Bridgeman/Galería Spada, Roma; 23s AA/Dagli Orti; 23i AA/Dagli Orti; 24 AA/Dagli Orti; 26 AA/Dagli Orti; 29 Scala, Florencia/Castel Sant'Angelo, Roma; 31 AA/Dagli Orti; 32 Scala, Florencia/Museo Nazionale, Nápoles; 33 AA/Dagli Orti; 34 Corbis/C Carmen Redondo; 37 AA/Dagli Orti; 38 AA/Dagli Orti; 40 AA/Dagli Orti; 42 AA/Dagli Orti; 43 AA/Dagli Orti; 44 Corbis/C Julian Calder; 45 Corbis/C Colección Stapleton; 46 Ancient Art & Architecture Collection; 47 AA; 49 AA/Dagli Orti; 50 Corbis/C Bojan Brecelj; 53 Corbis/C Paul Almasy; 54 Corbis/C Bettmann; 55 AA/Dagli Orti; 56c Andrew Chugg; 56 Imágenes Getty/Stone; 57 Scala, Florencia; 58 Katz/Gamma; 59 Imágenes Getty/Taxi.